Pe. FERDINANDO MANCILIO, C.Ss.R.

AMIGO DE DEUS

NOVENA PELA BEATIFICAÇÃO DE PE. VÍTOR COELHO DE ALMEIDA, C.Ss.R.

Direção Editorial: Pe. Marcelo C. Araújo, C.Ss.R.
Coordenação Editorial: Ana Lúcia de Castro Leite
Copidesque: Ana Lúcia de Castro Leite
Revisão: Luana Galvão
Capa e Diagramação: Mauricio Pereira

Dados Internacionais de Catalogação na Publicação (CIP)
(Câmara Brasileira do Livro, SP, Brasil)

Mancilio, Ferdinando
  Amigo de Deus: novena pela beatificação do Servo de Deus Pe. Vítor Coelho de Almeida, C.Ss.R. / Pe. Ferdinando Mancilio. – Aparecida, SP: Editora Santuário, 2014.

  ISBN 978-85-369-0345-3

  1. Almeida, Vítor Coelho de, 1899-1987 2. Beatificação 3. Novenas 4. Sacerdotes – Brasil – Biografia I. Título.

14-04845   CDD-264.0274

Índices para catálogo sistemático:

1. Novenas: Padres católicos 264.0274

IMPRIMA-SE
† D. Raimundo Damasceno Assis
Arcebispo Metropolitano de Aparecida
Aparecida, julho de 2014

Todos os direitos reservados à EDITORA SANTUÁRIO – 2014

Composição em sistema CTcP, impressão e acabamento
Editora Santuário - Rua Padre Claro Monteiro, 342
Fone: (12) 3104-2000 - 12570-000 - Aparecida-SP.

Apresentação

Esta novena, com aprovação eclesiástica, é um apoio para a oração pessoal e comunitária. A oração é uma forma de venerar o Servo de Deus, Pe. Vítor Coelho de Almeida. Vamos elevar nossas preces a Deus pedindo sua bênção, rezar por todos aqueles que promovem sua causa e, também, por todos os que precisam de sua intercessão na fé.

Ao publicar este texto oracional, com a licença dos Superiores Eclesiásticos, o senhor Arcebispo de Aparecida e o senhor Provincial dos Missionários Redentoristas, suplicamos a Deus e aguardamos ansiosos a manifestação da Igreja quanto à heroicidade das virtudes de nosso querido e estimado Pe. Vítor Coelho de Almeida, o "apóstolo d'Aparecida".

Aparecida, 21 de julho de 2014.

† *D. Darci José Nicioli, C.Ss.R.*
Bispo Auxiliar de Aparecida-SP
(Postulador da Causa de Beatificação)

Padre Vítor Coelho

Padre Vítor Coelho nasceu na cidade de Sacramento, Minas Gerais, a 22 de setembro de 1899, onde foi batizado. Seus pais eram: Leão Coelho de Almeida e Maria Sebastiana Alves Moreira. Leão, natural de São João da Barra, RJ, estudou em Paris. Tornou-se um homem descrente; não tinha boa formação religiosa. Sua mãe, natural de Sacramento, MG, era uma mulher meiga e piedosa. Casaram-se no civil e no religioso em Sacramento, a 20 de janeiro de 1897. Vítor era o segundo filho do casal. A mãe faleceu ainda jovem de tuberculose e o pai Leão ultrapassou os 90 anos.

Aos 7 anos, Vítor esteve à morte por três dias, com forte febre que comprometeu seus pulmões. Em duas outras ocasiões, a tuberculose ameaçou sua vida: em 1921, na Alemanha, e, em 1941, nas missões. Aos 8 anos, ficou órfão de mãe. Como seu pai não pudesse cuidar dele por lecionar na zona rural, entregou o menino aos cuidados da avó materna, que também não deu conta de educá-lo. Sem o amparo da mãe, tornou-se um moleque, aprendendo com os companheiros de rua vícios e molecagens. Seu primo padre e pároco de Bangu, no Rio, Cônego Victor Coelho de Almeida, que também fracassara na tentativa de educá-lo, internou-o, em 1911, no Colégio de Santo Afonso, em Aparecida. Seu pai, ao receber essa notícia, converteu-se, voltando à prática da religião. Aconselhado por amigos, ele havia feito uma promessa a Nossa Senhora Aparecida para conseguir colocar seu filho num Colégio.

Tocado pela graça de Deus, Vítor também mudou de comportamento e decidiu seguir a vocação de missionário redentorista. Recebeu o hábito a 1º de agosto de 1917 e fez os votos religiosos na Congregação Redentorista, a 2 de agosto de 1918. Iniciou logo os estudos superiores em Aparecida, continuando-os na Alemanha, para onde viajou em 1920. Foi ordenado padre em Gars am Inn, a 5 de agosto de 1923, voltando para o Brasil em setembro de 1924.

Atividades apostólicas – Padre Vítor trabalhou com muito zelo nas Santas Missões, na Rádio Aparecida e no Santuário. Foi bom catequista (1925-1930), mostrando muito amor às crianças e zelo no preparo de boas catequistas. Ele não queria que as crianças sofressem o que ele sofreu por falta de instrução religiosa.

Durante 10 anos (1931-1940) dedicou-se à pregação direta das santas missões, revelando seu carisma de pregador. Anunciando a misericórdia de Cristo, levou grande número de pessoas à conversão; sua fama atraía multidões. As crianças não perdiam a missãozinha especial para elas. Sabia despertar nos meninos o interesse pela vocação de missionário. Muitos redentoristas lhe devem a vocação.

Atingido gravemente pela tuberculose, em agosto de 1940, retirou-se para o Sanatório da Divina Providência, em Campos do Jordão, SP, em janeiro de 1941, onde aprendeu com o Cristo Sofredor o mistério da dor e da solidão. Esteve muito mal durante quatro anos (1941-1944), chegando a perder um dos pulmões. Ele atribuiu sua cura à oração do servo de Deus, Padre Eustáquio, que o visitara na ocasião. A solidão do Sanatório foi a bênção de Deus no caminho de sua vida. Transformou o ambiente do Sanatório, despertando nos doentes amor à vida e muita confiança em Cristo.

Em 1948, já recuperado, voltou para Aparecida, onde Deus lhe indicou um novo caminho de ser missionário. Começou, então, sua missão carismática de pregador da palavra convertedora aos romeiros. Incentivou a fundação da Rádio Aparecida, e, desde sua inauguração, a 8 de setembro de 1951, foi sua voz profética durante 36 anos. Seus assuntos prediletos eram: Catequese, Sagrada Escritura, Formação de Comunidades Rurais e Doutrina Social da Igreja. A audiência cativa de seus programas era enorme; até membros de igrejas evangélicas apreciavam suas lições sobre a Bíblia Sagrada.

Virtudes e fama de santidade – O povo chamava-o de "santo" já em vida. Lutou contra seu gênio agressivo e extrovertido, herdado de sua avó francesa Victorine Cousin. Humilde, porém, sabia pedir perdão, o que fez muitas vezes em público. Considerava-se indigno de ser sacerdote por causa do mau comportamento da infância. Costumava dizer: *"Sou filho da misericórdia de Deus, ele me tirou do lodo, de lá debaixo, para me colocar bem alto na vocação de sacerdote"*. Foi nessa direção que desenvolveu toda a sua virtude e todo o seu zelo apostólico. Fé inquebrantável, conformidade com a vontade de Deus, fervor na oração, ardor no zelo da salvação das almas. Com grande unção procurava incutir em seus evangelizados a mesma confiança na misericórdia de Cristo e de Maria. A devoção a Nossa Senhora Aparecida foi a força de sua piedade pessoal e de seu zelo na pregação, procurando levar todos à prática da vida cristã.

Tornou-se muito amado pelo povo. Os peregrinos que vinham a Aparecida, depois de satisfazer suas devoções a Nossa Senhora, não dispensavam a palavra e a bênção do Padre Vítor Coelho. Faleceu no dia 21 de julho de 1987.

Pe. Júlio J. Brustoloni, C.Ss.R.
Historiador

1
Eleitos para servir!

Iniciando hoje a nossa novena pedindo a beatificação de nosso querido Pe. Vítor Coelho, pensemos na decisão de seguir Jesus mais de perto, como assim fizeram os primeiros discípulos, e tantos missionários do Reino. Peçamos a presença de Deus para que sejamos também missionários. Por isso, rezemos pedindo o Espírito de Deus:

- Em nome do Pai, do Filho † e do Espírito Santo.
– **Amém.**

- Vinde, Espírito Santo, enchei o coração de cada um de nós com a plenitude de vosso amor.
– **E sejamos por Ele transformados!**
- Vinde, Espírito Consolador, para que sejamos sempre consolados por vossa presença.
– **E sejamos fiéis ao Senhor!**
- Vinde, Espírito de Deus, e transformai a dor, o pranto e o choro, em paz, alento e ardor.
– **E sejamos sinais de seu amor!**

– **OREMOS:** Deus de bondade, olhai para nós com vosso olhar compassivo e, inspirados em vossa misericórdia, sejamos testemunhas vivas de vosso Reino. Vós que viveis e reinais para sempre! Amém!

LOUVANDO O SENHOR
(Suplicando pela beatificação do Servo de Deus Pe. Vítor Coelho)

Pai Santo, nós vos bendizemos e vos glorificamos, pois em vosso amor infinito nos escolhestes e nos fizestes vossa imagem e semelhança. Guiai-nos sob vossa luz divina e fortalecei nossa esperança de um dia estarmos bem junto de vós, felizes, na eternidade que não tem fim. Obrigado, Senhor, pois escolhestes Pe. Vítor para vos servir com amor. Ele confiou plenamente em vós e não vacilou em sua missão. Dai-nos essa mesma inspiração, para vivermos com fidelidade nossa vida batismal. Glorificai-o, Senhor, se for de vosso agrado, para que seja modelo de vida e nosso intercessor junto de vós. Por Cristo, vosso Filho e Senhor nosso.

HORA DA PALAVRA DE DEUS

Do profeta Isaías – 49,1-2: "O Senhor chamou-me antes de eu nascer, desde o ventre de minha mãe ele tinha na mente o meu nome, fez de minha palavra uma espada afiada, protegeu-me à sombra de sua mão e fez de mim uma flecha aguçada em sua aljava".

– Palavra do Senhor.

PALAVRA DE DEUS E NOSSA VIDA

O Senhor chamou Pe. Vítor em circunstâncias pouco comuns. Ele mesmo relata em seus escritos sua "rebeldia" de menino pouco comportado. Depois da perda de sua mãe perambulava pela rua. É importante percebermos que Deus tem seus caminhos. Muitos caminhos. Ele não chama a todos do mesmo modo. Ele nos chama do modo que entendemos, e quando há abertura de coração Ele vai conduzindo a quem foi chamado para a perfeição. Agora, é importante notar que, se não houver abertura de coração, vivemos em nós mesmos, e aí a graça divina não produz em nós seus benefícios. Pe. Vítor deixou Deus agir nele e tornou-se verdadeiramente o amigo de Deus e de Nossa Senhora.

HORA DE NOSSAS SÚPLICAS

(Ladainha)

Senhor, tende piedade de nós.

Senhor, tende piedade de nós!

Cristo, tende piedade de nós.

Cristo, tende piedade de nós!

Deus Pai Criador.

A vós nosso louvor!

Deus Filho Redentor.

A vós nosso louvor!

Deus Espírito Consolador e Santificador.

A vós nosso louvor!

Santa Maria, Mãe de Deus.

Rogai por nós!

São José.

Rogai por nós!

São Pedro e São Paulo e todos os Apóstolos.

Rogai por nós!

Pela vida, dom divino.

Nós vos agradecemos, Senhor!

Pelos missionários da copiosa redenção.

Nós vos agradecemos, Senhor!

Pela vida do Pe. Vítor Coelho.

Nós vos agradecemos, Senhor.
Pela herança da fé.
Nós vos agradecemos, Senhor!

– Deus Pai de misericórdia, cheguem até vós nosso louvor e nossa gratidão, e dai-nos um coração brando, misericordioso e sempre disposto a servir com alegria e com amor. Por Cristo, nosso Senhor.

– **Amém.**

VIVENDO A PRESENÇA DO SENHOR

Faça o esforço necessário para que a vida seja dom junto de sua família, de seus vizinhos, das pessoas com as quais você convive. O batismo nos predestinou para a bondade e a santidade.

ORAÇÃO FINAL E BÊNÇÃO

Senhor, nosso Deus, nós vos agradecemos porque nos concedestes este momento de reflexão e de prece. Dai-nos a graça para que nunca nos esqueçamos de vos agradecer por nos terdes criado e predestinado para a glória eterna do céu. Por Cristo, nosso Senhor. Amém.

– O Senhor nos ilumine com sua luz.

– **Amém.**

– Ele nos proteja e nos guarde.

– **Amém.**

- Fortaleça nossa fé e nossa esperança.

– **Amém.**

- O Senhor derrame sobre nós sua bênção.

– **Em nome do Pai e do Filho † e do Espírito Santo. Amém.**

- Permaneçamos unidos no Senhor e entre nós.

– **Graças a Deus.**

2
A vida, dom para amar!

Iniciando o segundo dia de nossa novena, peçamos a inspiração de Deus para nossa vida. Que todos nós, que estamos rezando esta novena, tenhamos também um coração aberto para acolher o chamado de Deus para a vida e para a missão. A vida não pode ser ferida por causa do egoísmo humano ou por causa da ganância. Por isso rezemos:

- Em nome do Pai, do Filho † e do Espírito Santo.
– **Amém.**

- Vinde, Espírito Santo, enchei o coração de cada um de nós com a plenitude de vosso amor.
– **E sejamos por Ele transformados!**
- Vinde, Espírito Consolador, para que sejamos sempre consolados por vossa presença.
– **E sejamos fiéis ao Senhor!**
- Vinde, Espírito de Deus, e transformai a dor, o pranto e o choro, em paz, alento e ardor.

– E sejamos sinais de seu amor!

- **OREMOS:** Deus de bondade, olhai para nós com vosso olhar compassivo e, inspirados em vossa misericórdia, sejamos testemunhas vivas de vosso Reino. Vós que viveis e reinais para sempre! Amém!

LOUVANDO O SENHOR

(Suplicando pela beatificação do Servo de Deus
Pe. Vítor Coelho)

Pai Santo, a vida que nos destes por amor é como o lírio que nasceu no campo e floriu. Nossos olhos extasiam-se diante da beleza inconfundível da natureza, obra de vossas mãos. Se assim é o lírio do campo, quanto mais bela não é nossa vida, dom de vosso amor? É triste ver o desprezo e abandono da vida. Vosso filho Pe. Vítor foi um dom para nós. Quantas vidas promoveu com sua pregação, seu ensinamento e o amor que transmitia com suas atitudes, gestos e palavras. Fazei-nos ser como os lírios dos campos. Nós vos agradecemos pela vida de vosso servo Pe. Vítor e pela vida que nos destes. Glorificai-o, Senhor, se for de vosso agrado, para que seja modelo de vida e nosso intercessor junto de vós. Por Cristo, vosso Filho e Senhor nosso.

HORA DA PALAVRA DE DEUS

Do Salmo 63,5-6: "Quero, pois, vos louvar pela vida e elevar para vós minhas mãos! A minha alma será saciada, como em grande banquete de festa; cantará a alegria em meus lábios ao cantar para vós meu louvor".

PALAVRA DE DEUS E NOSSA VIDA

São tocantes as palavras de Pe. Vítor, como estas, no dia de seu aniversário: "A primavera começou, a vida também começa; tudo o que é humano tem berço, tem origem. Aquele que nunca começou é a Fonte, e fonte de todas as fontes é o Eterno, o Imenso, o Todo-Poderoso, infinitamente santo, justo e misericordioso: Deus. Ele é o princípio que não teve princípio; o Pai, a ideia eterna do amor, Deus. A primavera é um louvor a Deus, como todas as fontes, todas as plantas, todos os seres, enfim, são louvores a Deus. Pela vida o homem louva a Deus. Eu nasci de minha mãe, recebi vida humana. Esta vida veio de Deus; Ele é a única e eterna fonte da vida".

Amemos nossa vida, ela é dom de Deus! Ele espera que sejamos fonte de vida e de esperança!

HORA DE NOSSAS SÚPLICAS

(Ladainha)

Senhor, tende piedade de nós.

Senhor, tende piedade de nós!

Cristo, tende piedade de nós.

Cristo, tende piedade de nós!

Deus Pai Criador.

A vós nosso louvor!

Deus Filho Redentor.

A vós nosso louvor!

Deus Espírito Consolador e Santificador.

A vós nosso louvor!

Santa Maria, Mãe de Deus.

Rogai por nós!

São José.

Rogai por nós!

São Pedro e São Paulo e todos os Apóstolos.

Rogai por nós!

Porque o Senhor nos amou eternamente.

Nós vos agradecemos, Senhor!

Pela vida que Ele nos deu.

Nós vos agradecemos, Senhor!

Pelas pessoas que promovem e defendem a vida.

Nós vos agradecemos, Senhor.

Pelo trabalho silencioso feito com amor.
Nós vos agradecemos, Senhor!

– Deus Pai, quanto mais pensamos em vós mais reconhecemos o quanto nos amais. Ajudai-nos a corresponder convosco; e que na prática do bem, alcancemos a santidade que ofereceis em vosso Filho Jesus, que convosco vive e reina para sempre.

– **Amém.**

VIVENDO A PRESENÇA DO SENHOR

Procure ajudar as pessoas que estão em dificuldades, animar os desanimados e tenha sempre a atitude cristã e do Evangelho, assumindo a defesa e a promoção da vida. A vida está sempre em primeiro lugar e está acima de qualquer valor ético.

ORAÇÃO FINAL E BÊNÇÃO

Senhor, nosso Deus, nós vos agradecemos porque nos concedestes este momento de reflexão e de prece. Dai-nos a graça para que nunca nos esqueçamos de vos agradecer por nos terdes criado e predestinado para a glória eterna do céu. Por Cristo, nosso Senhor. Amém.

– O Senhor nos ilumine com sua luz.
– **Amém.**

- Ele nos proteja e nos guarde.

– Amém.

- Fortaleça nossa fé e nossa esperança.

– Amém.

- O Senhor derrame sobre nós sua bênção.

– Em nome do Pai e do Filho † e do Espírito Santo. Amém.

- Permaneçamos unidos no Senhor e entre nós.

– Graças a Deus.

3
Imersos na vida divina!

A Igreja é a anunciadora da redenção, e com ela somos também herdeiros da copiosa redenção. Mas nós somos a Igreja de Cristo, e por isso cabe a cada cristão batizado a missão de ser anunciador da verdade de Cristo. Beleza inconfundível é o santo batismo, pois nos deu a vida divina. Para que sejamos redentores em nosso mundo de hoje, rezemos:

- Em nome do Pai, do Filho † e do Espírito Santo.
– **Amém.**

- Vinde, Espírito Santo, enchei o coração de cada um de nós com a plenitude de vosso amor.
– **E sejamos por Ele transformados!**
- Vinde, Espírito Consolador, para que sejamos sempre consolados por vossa presença.
– **E sejamos fiéis ao Senhor!**
- Vinde, Espírito de Deus, e transformai a dor, o pranto e o choro, em paz, alento e ardor.

– E sejamos sinais de seu amor!

– **OREMOS:** Deus de bondade, olhai para nós com vosso olhar compassivo e, inspirados em vossa misericórdia, sejamos testemunhas vivas de vosso Reino. Vós que viveis e reinais para sempre! Amém!

LOUVANDO O SENHOR

(Suplicando pela beatificação do Servo de Deus
Pe. Vítor Coelho)

Pai Santo, nós vos louvamos e vos bendizemos. Todos os dias recebemos o dom de vosso amor e de vossa misericórdia. Sentimos vossa presença amorosa junto da criança, do jovem, dos casais, das famílias e dos doentes. Recordamos o dia em que fomos batizados e vossa vida divina foi infundida em nós por vosso Santo Espírito. Tudo resplandeceu e tornou-se claro como o dia. Obrigado, Senhor, por vosso filho Pe. Vítor, que soube viver o batismo em favor de vosso Reino, servindo vosso povo como sacerdote, como missionário do Evangelho. Bendita seja sua vida batismal, sua entrega como oblação viva por amor a vós. Glorificai-o, Senhor, se for de vosso agrado, para que seja modelo de vida e nosso intercessor junto de vós. Por Cristo, vosso Filho e Senhor nosso.

HORA DA PALAVRA DE DEUS

Da Carta aos Gálatas 3,26-28: "Irmãos, com efeito, vós todos sois filhos de Deus pela fé em Cristo Jesus. Vós todos, que fostes batizados em Cristo, vos revestistes de Cristo. Não há mais judeu ou grego, escravo ou livre, homem ou mulher: pois todos vós sois um só em Cristo Jesus".

PALAVRA DE DEUS E NOSSA VIDA

Fomos imersos na vida divina no dia em que fomos batizados. Existimos por causa do amor de Deus e Ele ainda nos deu mais amor pela verdadeira filiação divina do batismo. Pe. Vítor tinha uma expressão profundamente bíblica e carregada de ternura divina: "Somos filhos da misericórdia divina". Que verdade insuperável! É a misericórdia que nos faz viver. Cristo nos revestiu com a misericórdia do Pai. Na pregação pelo Rádio e para os romeiros no Santuário ou nas Missões em que trabalhou bom tempo, Pe. Vítor anunciou com fervor que é preciso em Cristo viver, amar e servir, pois só assim estaríamos imersos na vida divina. É mais do que importante nos revestirmos de Cristo, pois só assim podemos verdadeiramente experimentar a liberdade e a paz.

HORA DE NOSSAS SÚPLICAS

(Ladainha)

Senhor, tende piedade de nós.

Senhor, tende piedade de nós!

Cristo, tende piedade de nós.

Cristo, tende piedade de nós!

Deus Pai Criador.

A vós nosso louvor!

Deus Filho Redentor.

A vós nosso louvor!

Deus Espírito Consolador e Santificador.

A vós nosso louvor!

Santa Maria, Mãe de Deus.

Rogai por nós!

São José.

Rogai por nós!

São Pedro e São Paulo e todos os Apóstolos.

Rogai por nós!

Pelo Batismo, dom da vida divina.

Nós vos agradecemos, Senhor!

Pelos missionários que anunciam a redenção.

Nós vos agradecemos, Senhor!

Pelas pessoas que assumem o sacerdócio batismal.

Nós vos agradecemos, Senhor.

Pelos que testemunham sua fé no compromisso cristão.
Nós vos agradecemos, Senhor!

– Deus Pai, que nos destes vosso Filho Jesus Cristo, dai-nos a graça de viver cada vez em vós e que sejamos capazes de manifestar vosso amor em nossas atitudes, gestos e palavras. Ajudai-nos a viver o batismo, comprometidos com a vida e com vosso Reino. Por Cristo, vosso Filho e nosso Senhor.

– **Amém.**

VIVENDO A PRESENÇA DO SENHOR

Procure pensar um pouco mais no batismo que você recebeu. Pe. Vítor fez de seu batismo um dom para o povo. Você também é dom de Deus. Por isso, procure viver o batismo na prática do bem, da justiça e da união com as pessoas, sempre construindo a vida.

ORAÇÃO FINAL E BÊNÇÃO

Senhor, nosso Deus, nós vos agradecemos porque nos concedestes este momento de reflexão e de prece. Dai-nos a graça para que nunca nos esqueçamos de vos agradecer por nos terdes criado e predestinado para a glória eterna do céu. Por Cristo, nosso Senhor. Amém.

- O Senhor nos ilumine com sua luz.

– **Amém.**

- Ele nos proteja e nos guarde.

– **Amém.**

- Fortaleça nossa fé e nossa esperança.

– **Amém.**

- O Senhor derrame sobre nós sua bênção.

– **Em nome do Pai e do Filho † e do Espírito Santo. Amém.**

- Permaneçamos unidos no Senhor e entre nós.

– **Graças a Deus.**

4
Palavra que nos transforma!

Certamente, todos nós já tivemos alguma preocupação com alguma pessoa, seja qual for o motivo. Mas, se temos alguém que se preocupa conosco dia e noite, é o nosso Deus. Ele nos deu seu Filho único para que fôssemos resgatados por Ele, e sua Palavra precisa ressoar em nós. Seja sua Palavra nossa força inspiradora de todos os dias. Por isso, rezemos:

- Em nome do Pai, do Filho † e do Espírito Santo.
– **Amém.**

- Vinde, Espírito Santo, enchei o coração de cada um de nós com a plenitude de vosso amor.
– **E sejamos por Ele transformados!**
- Vinde, Espírito Consolador, para que sejamos sempre consolados por vossa presença.
– **E sejamos fiéis ao Senhor!**
- Vinde, Espírito de Deus, e transformai a dor, o pranto e o choro, em paz, alento e ardor.

– **E sejamos sinais de seu amor!**

- **OREMOS:** Deus de bondade, olhai para nós com vosso olhar compassivo e, inspirados em vossa misericórdia, sejamos testemunhas vivas de vosso Reino. Vós que viveis e reinais para sempre! Amém!

LOUVANDO O SENHOR

(Suplicando pela beatificação do Servo de Deus
Pe. Vítor Coelho)

Pai Santo, fazei ressoar entre nós vossa Palavra. Certamente que nós a escutamos tantas vezes, mas vos pedimos que ela ressoe em nossa vida. Ressoe profundamente. Nós queremos vivê-la, Senhor, e até fazemos esforço para isso. Mas ainda estamos muito frágeis. Lembramo-nos de vosso filho Pe. Vítor, que anunciava com ardor vossa Palavra e procurava fazer com que o mais simples e o mais soberano entendessem a mesma mensagem. A Palavra que ressoa em seu coração, nós a escutávamos por sua palavra, por seu ensinamento. Obrigado, Senhor, pelo exemplo que nos deixou. Glorificai-o, Senhor, se for de vosso agrado, para que seja modelo de vida e nosso intercessor junto de vós. Por Cristo, vosso Filho e Senhor nosso.

HORA DA PALAVRA DE DEUS

Dos Atos dos Apóstolos 13,47-49: "Esta é ordem que o Senhor nos deu: 'Eu te fiz luz das nações para levares a salvação até os confins da terra'. Os não judeus se alegraram quando ouviram isto, e glorificavam a palavra do Senhor. Todos os que eram destinados à salvação eterna abraçaram a fé. Deste modo a palavra do Senhor espalhava-se por toda a região.

PALAVRA DE DEUS E NOSSA VIDA

A Palavra é a comunicação do amor do Pai para todo o seu povo. O Antigo Testamento vai nos mostrando como Deus foi fazendo a história da salvação no emaranhado da história humana. E o povo foi descobrindo o quanto Deus o amava, descobrindo a Aliança que Deus fazia com ele. Chegou a hora certa de Deus, e Ele nos deu sua Palavra viva: Jesus, seu Filho, nascido de Maria. Pe. Vítor, como grande comunicador das coisas de Deus, fundamentava sua vida e sua pregação na Palavra de Jesus, o Evangelho. Era grande a catequese bíblica que fazia junto do povo, e de um modo simples e profundo, que não havia quem não pudesse entendê-la. "Palavra não foi feita para dividir ninguém. Palavra é uma ponte, onde o amor vai e vem."

HORA DE NOSSAS SÚPLICAS

(Ladainha)

Senhor, tende piedade de nós.

Senhor, tende piedade de nós!

Cristo, tende piedade de nós.

Cristo, tende piedade de nós!

Deus Pai Criador.

A vós nosso louvor!

Deus Filho Redentor.

A vós nosso louvor!

Deus Espírito Consolador e Santificador.

A vós nosso louvor!

Santa Maria, Mãe de Deus.

Rogai por nós!

São José.

Rogai por nós!

São Pedro e São Paulo e todos os Apóstolos.

Rogai por nós!

Pela Palavra que Deus nos dirigiu.

Nós vos agradecemos, Senhor!

Pelo Evangelho que Jesus nos deixou.

Nós vos agradecemos, Senhor!

Pelas pessoas que se esforçam na vivência da Palavra.

Nós vos agradecemos, Senhor.

Porque a Palavra é sempre a Boa Notícia do Senhor para nós.

Nós vos agradecemos, Senhor!

- Deus Pai, vós que criastes todas as coisas com infinito amor e nos criastes à vossa imagem e semelhança, dai-nos sem cessar vosso Espírito de Amor, para que sejamos capazes de compreender o que nos ensinais com vossa Palavra. Vós, que viveis e reinais para sempre.

– Amém.

VIVENDO A PRESENÇA DO SENHOR

Crie o bom hábito de todos os dias ler um trecho, uma frase do Evangelho de Jesus, e procure trazer para dentro de sua vida o que Ele nos ensina. Você fará uma grande experiência de fé, e verá como isto o tornará livre e feliz.

ORAÇÃO FINAL E BÊNÇÃO

Senhor, nosso Deus, nós vos agradecemos porque nos concedestes este momento de reflexão e de prece. Dai-nos a graça para que nunca nos esqueçamos de vos agradecer por nos terdes criado e predestinado para a glória eterna do céu. Por Cristo, nosso Senhor.

Amém.

- O Senhor nos ilumine com sua luz.

– **Amém.**

- Ele nos proteja e nos guarde.

– **Amém.**

- Fortaleça nossa fé e nossa esperança.

– **Amém.**

- O Senhor derrame sobre nós sua bênção.

– **Em nome do Pai e do Filho † e do Espírito Santo. Amém.**

- Permaneçamos unidos no Senhor e entre nós.

– **Graças a Deus.**

5
Igreja, povo a caminho do reino!

Hoje, chegamos à metade de nossa novena em louvor a Deus, suplicando pela beatificação do Pe. Vítor Coelho. Ele teve grande amor à Igreja e a Cristo, e o povo era a pupila de seus olhos, pois sempre procurava transmitir com simplicidade e carisma a Palavra de Deus, para o povo entender e viver. Por isso, rezemos:

- Em nome do Pai, do Filho † e do Espírito Santo.
– **Amém.**

- Vinde, Espírito Santo, enchei o coração de cada um de nós com a plenitude de vosso amor.
– **E sejamos por Ele transformados!**
- Vinde, Espírito Consolador, para que sejamos sempre consolados por vossa presença.
– **E sejamos fiéis ao Senhor!**
- Vinde, Espírito de Deus, e transformai a dor, o pranto e o choro, em paz, alento e ardor.
– **E sejamos sinais de seu amor!**

– **OREMOS:** Deus de bondade, olhai para nós com vosso olhar compassivo e, inspirados em vossa misericórdia, sejamos testemunhas vivas de vosso Reino. Vós que viveis e reinais para sempre! Amém!

LOUVANDO O SENHOR

(Suplicando pela beatificação do Servo de Deus
Pe. Vítor Coelho)

Pai Santo, somos vosso povo. Vós fizestes conosco uma Aliança eterna de amor em vosso Filho Jesus Cristo. Desde nosso batismo fazemos parte deste vosso povo. Dai-nos a graça de corresponder com vosso chamado, para que sejamos uma Igreja viva, comprometida, missionária e força de unidade. Quantas vezes vosso filho Pe. Vítor ensinou-nos que é vivendo em Comunidade que nos tornamos uma Igreja viva e presente, e que não nos esquecêssemos de servir sem buscar o primeiro lugar. Glorificai-o, Senhor, se for de vosso agrado, para que seja modelo de vida e nosso intercessor junto de vós. Por Cristo, vosso Filho e Senhor nosso.

HORA DA PALAVRA DE DEUS

Dos Atos dos Apóstolos 2,41-42: "Os que aceitaram a palavra de Pedro receberam batismo. Naquele dia eram acrescentadas mais ou menos três mil pessoas. Elas eram perseverantes em ouvir o ensinamento dos apóstolos, na comunhão fraterna, na fração do pão e nas orações".

PALAVRA DE DEUS E NOSSA VIDA

Nosso mundo está marcado pelo individualismo, e também há muito indiferentismo, que é pior do que não ter fé, pois menospreza até os valores mais profundos da vida. O individualismo e a indiferença menosprezam a Comunidade. Deus nos quer unidos, e a Comunidade é o grande meio para sermos do jeito que Deus espera. Assim nos tornamos, de fato, povo do Senhor. Pe. Vítor compreendia a Eucaristia como fonte de vida para a Igreja e, por isso, muito educou o povo para ouvir o Senhor e se reunir na Comunidade para celebrar seu amor. Quantos escutaram e praticaram sua orientação missionária? Só Deus sabe! Porém, ele foi o grande catequista do povo de Deus, principalmente dos mais simples, dos mais longínquos rincões.

HORA DE NOSSAS SÚPLICAS

(Ladainha)

Senhor, tende piedade de nós.

Senhor, tende piedade de nós!

Cristo, tende piedade de nós.

Cristo, tende piedade de nós!

Deus Pai Criador.

A vós nosso louvor!

Deus Filho Redentor.

A vós nosso louvor!

Deus Espírito Consolador e Santificador.

A vós nosso louvor!

Santa Maria, Mãe de Deus.

Rogai por nós!

São José.

Rogai por nós!

São Pedro e São Paulo e todos os Apóstolos.

Rogai por nós!

Pela Igreja, sacramento do Reino.

Nós vos agradecemos, Senhor!

Pela Igreja comprometida com a vida e a justiça.

Nós vos agradecemos, Senhor!

Pelas Comunidades vivas e unidas.

Nós vos agradecemos, Senhor.

Pelo povo peregrino na fé e na esperança.
Nós vos agradecemos, Senhor!

– Deus Pai, vós que fizestes muitas vezes Aliança com vosso povo, até a Aliança eterna em vosso Filho Jesus Cristo, favorecei-nos com os efeitos contínuos de vossa graça, para que sejamos vossa Igreja viva e comprometida com a verdade de vosso Reino. Por Cristo, vosso Filho e Redentor nosso.

– Amém.

VIVENDO A PRESENÇA DO SENHOR

Procure conhecer um pouco mais a Igreja, acompanhando os fatos e acontecimentos, suas orientações. Conheça melhor sua Comunidade e procure dispor-se a seu serviço. Sempre há muita coisa para ser feita e falta gente com coragem para assumir. Pense e decida-se.

ORAÇÃO FINAL E BÊNÇÃO

Senhor, nosso Deus, nós vos agradecemos porque nos concedestes este momento de reflexão e de prece. Dai-nos a graça para que nunca nos esqueçamos de vos agradecer por nos terdes criado e predestinado para a glória eterna do céu. Por Cristo, nosso Senhor. Amém.

- O Senhor nos ilumine com sua luz.

– **Amém.**

- Ele nos proteja e nos guarde.

– **Amém.**

- Fortaleça nossa fé e nossa esperança.

– **Amém.**

- O Senhor derrame sobre nós sua bênção.

– **Em nome do Pai e do Filho † e do Espírito Santo. Amém.**

- Permaneçamos unidos no Senhor e entre nós.

– **Graças a Deus.**

6
Nossa Senhora, Discípula-Missionária!

Temos sempre muito em conta aquilo que amamos. Mas nem sempre amamos aquilo que devemos amar. A Igreja é uma verdade que jamais devemos deixar de amar. Ela é sacramento do Reino. Junto dela encontramos Maria, Mãe de Jesus e Mãe do Povo do Senhor. Pe. Vítor Coelho foi sempre um homem apaixonado por Nossa Senhora. Deus nos dê um coração simples como o de Maria. Por isso, rezemos:

- Em nome do Pai, do Filho † e do Espírito Santo.
– **Amém.**

- Vinde, Espírito Santo, enchei o coração de cada um de nós com a plenitude de vosso amor.
– **E sejamos por Ele transformados!**
- Vinde, Espírito Consolador, para que sejamos sempre consolados por vossa presença.
– **E sejamos fiéis ao Senhor!**

– Vinde, Espírito de Deus, e transformai a dor, o pranto e o choro, em paz, alento e ardor.

– **E sejamos sinais de seu amor!**

– **OREMOS:** Deus de bondade, olhai para nós com vosso olhar compassivo e, inspirados em vossa misericórdia, sejamos testemunhas vivas de vosso Reino. Vós que viveis e reinais para sempre! Amém!

LOUVANDO O SENHOR

(*Suplicando pela beatificação do Servo de Deus*
Pe. Vítor Coelho)

Pai Santo, vós que escolhestes Maria, a fina flor de Israel, para ser a Mãe de vosso Filho Jesus, fazei-nos descobrir que é na simplicidade e na humildade, como a de Maria, que nós somos vossos servidores também. Vosso filho Pe. Vítor trabalhou com tanto amor e ardor missionário, no Santuário da Mãe do Redentor, a Senhora Aparecida. Anunciava vosso Filho e nos apontava Maria como modelo de vida, de discípula-missionária. Glorificai-o, Senhor, se for de vosso agrado, para que seja modelo de vida e nosso intercessor junto de vós. Por Cristo, vosso Filho e Senhor nosso.

HORA DA PALAVRA DE DEUS

Do Evangelho de Lucas 9,57-60: "Enquanto estavam a caminho, alguém disse a Jesus: 'Eu te seguirei aonde quer que tu vás'. Jesus respondeu: 'As raposas têm tocas e os pássaros do céu têm ninhos; mas o Filho do Homem não tem onde repousar a cabeça'. Então disse a outro: 'Segue-me'. Este respondeu: 'Deixa-me primeiro ir enterrar meu pai'. Jesus respondeu: 'Deixa que os mortos enterrem os seus mortos; mas tu, vai e anuncia o Reino de Deus'".

PALAVRA DE DEUS E NOSSA VIDA

Quando contemplamos a imagem de Nossa Senhora, quem ela nos faz lembrar? Jesus! Essa experiência de fé todos podemos fazer, e fazemos com certeza. Quando contemplamos Nossa Senhora estamos pensando na verdade do Evangelho, pois ela, com sua vida, nos ensina: a simplicidade, que diante de Deus temos de ser humildes, que temos de colocar a vontade de Deus em primeiro, entregar a vida inteira pela causa do Reino, aprender a fazer silêncio para escutar... Ela nos ensina a ser discípulos-missionários. O amor de Pe. Vítor para com Nossa Senhora estava carregado da seiva do Evangelho, pois ele sabia muito bem que Nossa Senhora era o ponto de partida para o encontro com seu Filho Jesus. Abandonemo-nos nas mãos de Nossa Senhora, e será grande nossa paz.

HORA DE NOSSAS SÚPLICAS
(Ladainha)

Senhor, tende piedade de nós.

Senhor, tende piedade de nós!

Cristo, tende piedade de nós.

Cristo, tende piedade de nós!

Deus Pai Criador.

A vós nosso louvor!

Deus Filho Redentor.

A vós nosso louvor!

Deus Espírito Consolador e Santificador.

A vós nosso louvor!

Santa Maria, Mãe de Deus.

Rogai por nós!

São José.

Rogai por nós!

São Pedro e São Paulo e todos os Apóstolos.

Rogai por nós!

Por todos os discípulos-missionários do Reino.

Nós vos agradecemos, Senhor!

Pelos que procuram viver o Evangelho.

Nós vos agradecemos, Senhor!

Por todos os que procuram viver as virtudes de Maria.

Nós vos agradecemos, Senhor.

Pela união das pessoas na Comunidade e nas famílias.

Nós vos agradecemos, Senhor!

– Deus, nosso Pai, vós que escolhestes Maria para Mãe de vosso Filho Jesus, fortalecei nossa fé e ajudai-nos a viver com alegria nosso compromisso cristão, para que assim nos tornemos dignos filhos e filhas vossos. Por Cristo, vosso Filho, nascido de Maria e nosso Salvador.

– **Amém.**

VIVENDO A PRESENÇA DO SENHOR

Nas dificuldades, procure olhar para Maria e contemplar seu amor materno por nós. E faça o esforço necessário para viver do jeito que ela viveu, sempre colocando o Evangelho em primeiro lugar. Assim se cumpre a vontade de Deus.

ORAÇÃO FINAL E BÊNÇÃO

Senhor, nosso Deus, nós vos agradecemos porque nos concedestes este momento de reflexão e de prece. Dai-nos a graça para que nunca nos esqueçamos de vos agradecer por nos terdes criado e predestinado para a glória eterna do céu. Por Cristo, nosso Senhor. Amém.

– O Senhor nos ilumine com sua luz.

– **Amém.**

– Ele nos proteja e nos guarde.

– **Amém.**

- Fortaleça nossa fé e nossa esperança.

– **Amém.**

- O Senhor derrame sobre nós sua bênção.

– **Em nome do Pai e do Filho † e do Espírito Santo. Amém.**

- Permaneçamos unidos no Senhor e entre nós.

– **Graças a Deus.**

7
Nossa fé em Cristo!

Quem deseja ganhar sempre certamente torna difícil sua convivência com os outros. Como os discípulos deixaram para trás suas redes, para seguirem de perto o Mestre, assim fez Pe. Vítor Coelho e muitos outros missionários. Para que nós também sejamos fiéis seguidores do Senhor, peçamos sua graça e sua bênção. Rezemos:

- Em nome do Pai, do Filho † e do Espírito Santo.
– **Amém.**

- Vinde, Espírito Santo, enchei o coração de cada um de nós com a plenitude de vosso amor.
– **E sejamos por Ele transformados!**
- Vinde, Espírito Consolador, para que sejamos sempre consolados por vossa presença.
– **E sejamos fiéis ao Senhor!**
- Vinde, Espírito de Deus, e transformai a dor, o pranto e o choro, em paz, alento e ardor.

– **E sejamos sinais de seu amor!**

- **OREMOS:** Deus de bondade, olhai para nós com vosso olhar compassivo e, inspirados em vossa misericórdia, sejamos testemunhas vivas de vosso Reino. Vós que viveis e reinais para sempre! Amém!

LOUVANDO O SENHOR

(Suplicando pela beatificação do Servo de Deus
Pe. Vítor Coelho)

Pai Santo, como podemos agradecer vosso amor sem medida, ao nos dar vosso Filho? Como podemos ser tão amados assim por vós? Obrigado, Senhor, é palavra pequena para vos agradecer, mas vós conheceis o tamanho de nosso coração e a medida de nossa sinceridade. Aumentai nossa fé em vosso Filho e em tudo o que Ele nos ensinou. Muito aprendemos com vosso servo Pe. Vítor, que trazia o povo, principalmente os simples, para bem perto de Cristo, e assim pudessem sentir sua presença divina. Obrigado, Pai, por todos os que nos ajudam a caminhar na fé. Glorificai-o, Senhor, se for de vosso agrado, para que seja modelo de vida e nosso intercessor junto de vós. Por Cristo, vosso Filho e Senhor nosso.

HORA DA PALAVRA DE DEUS

Da Carta de São Paulo aos Romanos 4,24: Afirmando que (a fé) foi levada em conta para ele, a Escritura visa não só a Abraão, mas também a nós: a fé será levada em conta como justiça para nós que cremos naquele que, dos mortos, ressuscitou Jesus, nosso Senhor, entregue por causa de nossos pecados e ressuscitado para nossa justificação.

PALAVRA DE DEUS E NOSSA VIDA

Precisamos amadurecer na fé. Podemos ter nossos sentimentos bons, ter nosso jeito de nos relacionarmos com Deus e com Nossa Senhora, mas é preciso tornar-nos adultos na fé. A fé é dom de Deus, que precisa ser cuidado, como uma planta. Se o jardineiro não cuida das flores, não teremos jardins floridos. Pe. Vítor como missionário fazia grande esforço para que o povo se tornasse adulto em sua fé. Fez isso até o dia anterior de sua morte, explicando as razões da fé em Cristo Jesus. Por isso, falava do Catecismo, dos Documentos da Igreja e, principalmente, pedia que o povo lesse e meditasse a Palavra de Deus, pois esse é o caminho que nos faz adultos na fé: a Palavra do Senhor. Façamos então nosso esforço para nos tornar melhores na fé hoje, mais do que fomos ontem.

HORA DE NOSSAS SÚPLICAS

(Ladainha)

Senhor, tende piedade de nós.

Senhor, tende piedade de nós!

Cristo, tende piedade de nós.

Cristo, tende piedade de nós!

Deus Pai Criador.

A vós nosso louvor!

Deus Filho Redentor.

A vós nosso louvor!

Deus Espírito Consolador e Santificador.

A vós nosso louvor!

Santa Maria, Mãe de Deus.

Rogai por nós!

São José.

Rogai por nós!

São Pedro e São Paulo e todos os Apóstolos.

Rogai por nós!

Por que se esforçam para viver a fé.

Nós vos agradecemos, Senhor!

Pela herança da fé que recebemos dos apóstolos.

Nós vos agradecemos, Senhor!

Pela alegria de crer e esperar em Cristo.

Nós vos agradecemos, Senhor.

Pelos que na alegria ou na dor vivem a fé.
Nós vos agradecemos, Senhor!

– Ó Deus de infinita bondade, vós nos destes vosso Filho, e Ele nos ensinou a esperar em vós, em qualquer circunstância de nossa vida. Sustentai nossa fé em vós e em vosso Filho, e que nada nos perturbe ou nos desvie do caminho de vosso Reino. Por Cristo, vosso Filho, que convosco vive e reina para sempre.

– **Amém.**

VIVENDO A PRESENÇA DO SENHOR

Nas horas de dificuldades, procure confiar e esperar no Senhor. Não precipite nada, ou seja, não se desespere, não perca a esperança. Todos os que esperam no Senhor saem vitoriosos. Os santos tiveram dificuldades, mas nunca deixaram de esperar no Senhor. Pense nisso.

ORAÇÃO FINAL E BÊNÇÃO

Senhor, nosso Deus, nós vos agradecemos porque nos concedestes este momento de reflexão e de prece. Dai-nos a graça para que nunca nos esqueçamos de vos agradecer por nos terdes criado e predestinado para a glória eterna do céu. Por Cristo, nosso Senhor. Amém.

– O Senhor nos ilumine com sua luz.

– **Amém.**

- Ele nos proteja e nos guarde.

– **Amém.**

- Fortaleça nossa fé e nossa esperança.

– **Amém.**

- O Senhor derrame sobre nós sua bênção.

– **Em nome do Pai e do Filho † e do Espírito Santo. Amém.**

- Permaneçamos unidos no Senhor e entre nós.

– **Graças a Deus.**

8
Misericórdia: resgatados para a vida!

Evangelizar é colocar sempre de novo, diante da pessoa humana, o evangelho de Jesus. Ele é sinal vivo da misericórdia do Senhor para conosco. Pe. Vítor Coelho nunca se esqueceu disto. Como cristãos, também somos impulsionados a viver na misericórdia e sermos misericordiosos uns com os outros. Com esse desejo sincero, rezemos:

- Em nome do Pai, do Filho † e do Espírito Santo.
– **Amém.**

- Vinde, Espírito Santo, enchei o coração de cada um de nós com a plenitude de vosso amor.
– **E sejamos por Ele transformados!**
- Vinde, Espírito Consolador, para que sejamos sempre consolados por vossa presença.
– **E sejamos fiéis ao Senhor!**
- Vinde, Espírito de Deus, e transformai a dor, o pranto e o choro, em paz, alento e ardor.

– E sejamos sinais de seu amor!

- **OREMOS:** Deus de bondade, olhai para nós com vosso olhar compassivo e, inspirados em vossa misericórdia, sejamos testemunhas vivas de vosso Reino. Vós que viveis e reinais para sempre! Amém!

LOUVANDO O SENHOR

(Suplicando pela beatificação do Servo de Deus
Pe. Vítor Coelho)

Pai Santo, penetrai profundamente nossa existência com vossa misericórdia. Ela é o sustento de nossa vida, pois nos faz viver em vós e ainda nos traz vosso perdão. Somos frágeis demais ou arrumamos desculpas para nossas atitudes pouco agradáveis a vós e aos irmãos e irmãs. Mas vós conheceis nossa sinceridade. Obrigado, Pai, por vossa misericórdia que não tem medida e não tem fim. Vosso filho Pe. Vítor não se cansava de dizer que vosso amor é infinito e que vós sois a fonte eterna de misericórdia. Como é belo o que nos ensinou, tão pleno do Evangelho de Jesus. Glorificai-o, Senhor, se for de vosso agrado, para que seja modelo de vida e nosso intercessor junto de vós. Por Cristo, vosso Filho e Senhor nosso.

HORA DA PALAVRA DE DEUS

Da Carta de São Paulo aos Efésios 2,3-8: "Como os demais, éramos, por natureza, destinados à ira. Mas Deus, rico em misericórdia, pelo imenso amor com que nos amou, quando ainda estávamos mortos por causa de nossos pecados, deu-nos a vida com Cristo. (É por graça que fostes salvos!) Assim, por sua bondade para conosco no Cristo Jesus, Deus quis mostrar nos séculos futuros a incomparável riqueza de sua graça. É pela graça que fostes salvos, mediante a fé. E isto não vem de vós: é dom de Deus!"

PALAVRA DE DEUS E NOSSA VIDA

O Pai nos salva pelos merecimentos de Cristo. Ninguém é capaz de se salvar por merecimento pessoal. A salvação é gratuidade do amor de Deus por nós. Fomos criados com uma dignidade humana e divina que devemos tê-la sempre em conta: a dignidade de sermos filhos ou filhas do Deus de misericórdia. Pe. Vítor nunca poupou esforços para que o povo entendesse sua dignidade de filhos e filhas de Deus. Por isso, combatia com a força da palavra as situações de opressão e de dominação do povo, pois isto contrapõe à dignidade divina e humana. Queria que o povo buscasse Deus com todo o amor. Confiava na plenitude do amor misericordioso de Deus. Há tanta gente misericordiosa e tantos precisando de misericórdia. Ela nos resgata para a vida. Seja misericordioso, misericordiosa, e você verá que seu jardim florirá com belas flores e rosas.

HORA DE NOSSAS SÚPLICAS
(Ladainha)
Senhor, tende piedade de nós.
Senhor, tende piedade de nós!
Cristo, tende piedade de nós.
Cristo, tende piedade de nós!
Deus Pai Criador.
A vós nosso louvor!
Deus Filho Redentor.
A vós nosso louvor!
Deus Espírito Consolador e Santificador.
A vós nosso louvor!
Santa Maria, Mãe de Deus.
Rogai por nós!
São José.
Rogai por nós!
São Pedro e São Paulo e todos os Apóstolos.
Rogai por nós!
Pelo dom gratuito da salvação.

Nós vos agradecemos, Senhor!
Pela infinita misericórdia do Pai para conosco.
Nós vos agradecemos, Senhor!
Pelos que se entregam totalmente a Cristo.
Nós vos agradecemos, Senhor.
Pelas pessoas que são misericordiosas.
Nós vos agradecemos, Senhor!

– Senhor Deus, vós que não vos cansais de nos dar vossa misericórdia para que vivamos em paz, não nos deixeis perecer em nossa ignorância, mas sustentados por vossa graça sejamos testemunhas de vosso amor misericordioso. Vós, que viveis e reinais pelos séculos sem fim.

– **Amém.**

VIVENDO A PRESENÇA DO SENHOR

Faça a experiência divina e humana da misericórdia, perdoando suas próprias faltas e as dos irmãos e irmãs. Experimentar verdadeiramente a misericórdia nos torna livres e felizes. Faça essa experiência e você mesmo verá o que é a verdadeira liberdade.

ORAÇÃO FINAL E BÊNÇÃO

Senhor, nosso Deus, nós vos agradecemos porque nos concedestes este momento de reflexão e de prece. Dai-nos a graça para que nunca nos esqueçamos de vos agradecer por nos terdes criado e predestinado para a glória eterna do céu. Por Cristo, nosso Senhor. Amém.

– O Senhor nos ilumine com sua luz.

– Amém.

– Ele nos proteja e nos guarde.

– Amém.

– Fortaleça nossa fé e nossa esperança.

– Amém.

– O Senhor derrame sobre nós sua bênção.

– Em nome do Pai e do Filho † e do Espírito Santo. Amém.

– Permaneçamos unidos no Senhor e entre nós.

– Graças a Deus.

9
Com Maria no caminho de Jesus!

Quando o barco singra as águas de um rio deixa para trás grande rastro de sua passagem. Assim deveríamos ser todos nós cristãos! É preciso crescer ainda mais no amor e na fé do Cristo e fazer também crescer os outros. Maria nos dá o exemplo de fidelidade ao Senhor e como o amor de Deus deve estar em primeiro lugar em nossa vida. Fortaleçamos nossa fé, rezando:

- Em nome do Pai, do Filho † e do Espírito Santo.
– **Amém.**

- Vinde, Espírito Santo, enchei o coração de cada um de nós com a plenitude de vosso amor.
– **E sejamos por Ele transformados!**
- Vinde, Espírito Consolador, para que sejamos sempre consolados por vossa presença.
– **E sejamos fiéis ao Senhor!**
- Vinde, Espírito de Deus, e transformai a dor, o pranto e o choro, em paz, alento e ardor.

– E sejamos sinais de seu amor!

- **OREMOS:** Deus de bondade, olhai para nós com o vosso olhar compassivo e, inspirados em vossa misericórdia, sejamos testemunhas vivas de vosso Reino. Vós que viveis e reinais para sempre! Amém!

LOUVANDO O SENHOR

(Suplicando pela beatificação do Servo de Deus
Pe. Vítor Coelho)

Pai Santo, vimos hoje vos agradecer de todo o coração. Ao rezarmos esta novena, sentimos vossa presença bem junto de nós, como o galho ligado ao tronco. Sentimo-nos fortes, pois é viva a presença de Maria, nossa intercessora e fiel colaboradora de vosso Reino, que nos eleva e nos aponta Jesus, vosso Filho, nosso Salvador. Vosso servo Pe. Vítor muito nos ensinou que amando Maria estamos amando Jesus, pois ela nos conduz ao Coração do Redentor. Sempre nos lembrou de que vós morais no coração dos simples, como o coração de Maria. Glorificai-o, Senhor, se for de vosso agrado, para que seja modelo de vida e nosso intercessor junto de vós. Por Cristo, vosso Filho e Senhor nosso.

HORA DA PALAVRA DE DEUS

Do Evangelho de João 19,25-27: "Junto à cruz de Jesus estavam de pé sua mãe e a irmã de sua mãe, Maria de Cléofas, e Maria Madalena. Jesus, ao ver sua mãe, e, ao lado dela, o discípulo que ele amava, disse à mãe: 'Mulher, eis o teu filho!' Depois disse ao discípulo: 'Eis a tua mãe!' A partir daquela hora, o discípulo a acolheu consigo".

PALAVRA DE DEUS E NOSSA VIDA

Falar de Nossa Senhora é falar da doçura do céu, da grandeza da alma, da ternura divina e do amor celestial. Santo Afonso Maria de Ligório dizia: "Está fora de dúvida que pelos merecimentos de Jesus Cristo foi concedida a Maria a grande autoridade de ser medianeira de nossa salvação, não de justiça, mas de graça e de intercessão. Quando suplicamos a Maria Santíssima que nos obtenha as graças não é que desconfiemos da misericórdia divina, mas é muito antes porque desconfiamos de nossa própria indignidade. Recomendemo-nos, por isso, a Maria para que supra sua dignidade, nossa miséria". Pe. Vítor entendeu essas palavras de Santo Afonso. Nós também somos capazes de entendê-las. Amemos Nossa Senhora, pois amá-la é amar o próprio Jesus: "Como havia prometido a nossos pais, em favor de Abraão e de seus filhos para sempre". Amém.

HORA DE NOSSAS SÚPLICAS

(Ladainha)

Senhor, tende piedade de nós.

Senhor, tende piedade de nós!

Cristo, tende piedade de nós.

Cristo, tende piedade de nós!

Deus Pai Criador.

A vós nosso louvor!

Deus Filho Redentor.

A vós nosso louvor!

Deus Espírito Consolador e Santificador.

A vós nosso louvor!

Santa Maria, Mãe de Deus.

Rogai por nós!

São José.

Rogai por nós!

São Pedro e São Paulo e todos os Apóstolos.

Rogai por nós!

Porque fomos criados no amor divino.

Nós vos agradecemos, Senhor!

Porque o Senhor nos deu uma dignidade divina e humana.

Nós vos agradecemos, Senhor!

Porque há testemunhos vivos de amor a Deus e aos irmãos.

Nós vos agradecemos, Senhor.

Porque Maria nos ensina ser verdadeiros filhos e filhas de Deus.

Nós vos agradecemos, Senhor!

– Guiai nossa vida, Senhor Deus, e concedei-nos viver conforme vossa vontade, compreendendo nossa história e os sinais de vosso amor e de vossa bondade em nossa vida, mesmo quando passamos por dificuldades ou sofrimentos e também nas horas de alegria. Obrigado, Senhor, por terdes chamado Pe. Vítor Coelho para ser vosso missionário, ele que foi autêntico em sua vida e em sua missão. Por Cristo, nosso Senhor e Redentor.

– **Amém.**

VIVENDO A PRESENÇA DO SENHOR

Coloque em seu coração o quanto você é amado ou amada por Deus. O amor divino não tem tamanho, é impossível medi-lo. Não despreze jamais o amor nem se esqueça de que é ele quem realiza você. Então, em vez de agressividade ou raiva, deixe lugar para o amor em sua vida.

ORAÇÃO FINAL E BÊNÇÃO

Senhor, nosso Deus, nós vos agradecemos porque nos concedestes este momento de reflexão e de prece. Dai-nos a graça para que nunca nos esqueçamos de vos agradecer por nos terdes criado e predestinado para a glória eterna do céu. Por Cristo, nosso Senhor. Amém.

– O Senhor nos ilumine com sua luz.

– **Amém.**

– Ele nos proteja e nos guarde.

– **Amém.**

– Fortaleça nossa fé e nossa esperança.

– **Amém.**

– O Senhor derrame sobre nós sua bênção.

– **Em nome do Pai e do Filho † e do Espírito Santo. Amém.**

– Permaneçamos unidos no Senhor e entre nós.

– **Graças a Deus.**

Índice

Apresentação 3

Padre Vítor Coelho 5

1. Eleitos para servir! 9
2. A vida, dom para amar! 15
3. Imersos na vida divina! 21
4. Palavra que nos transforma! 27
5. Igreja, povo a caminho do reino! 33
6. Nossa Senhora, discípula-missionária! 39
7. Nossa fé em Cristo! 45
8. Misericórdia: resgatados para a vida! 51
9. Com Maria no caminho de Jesus! 57